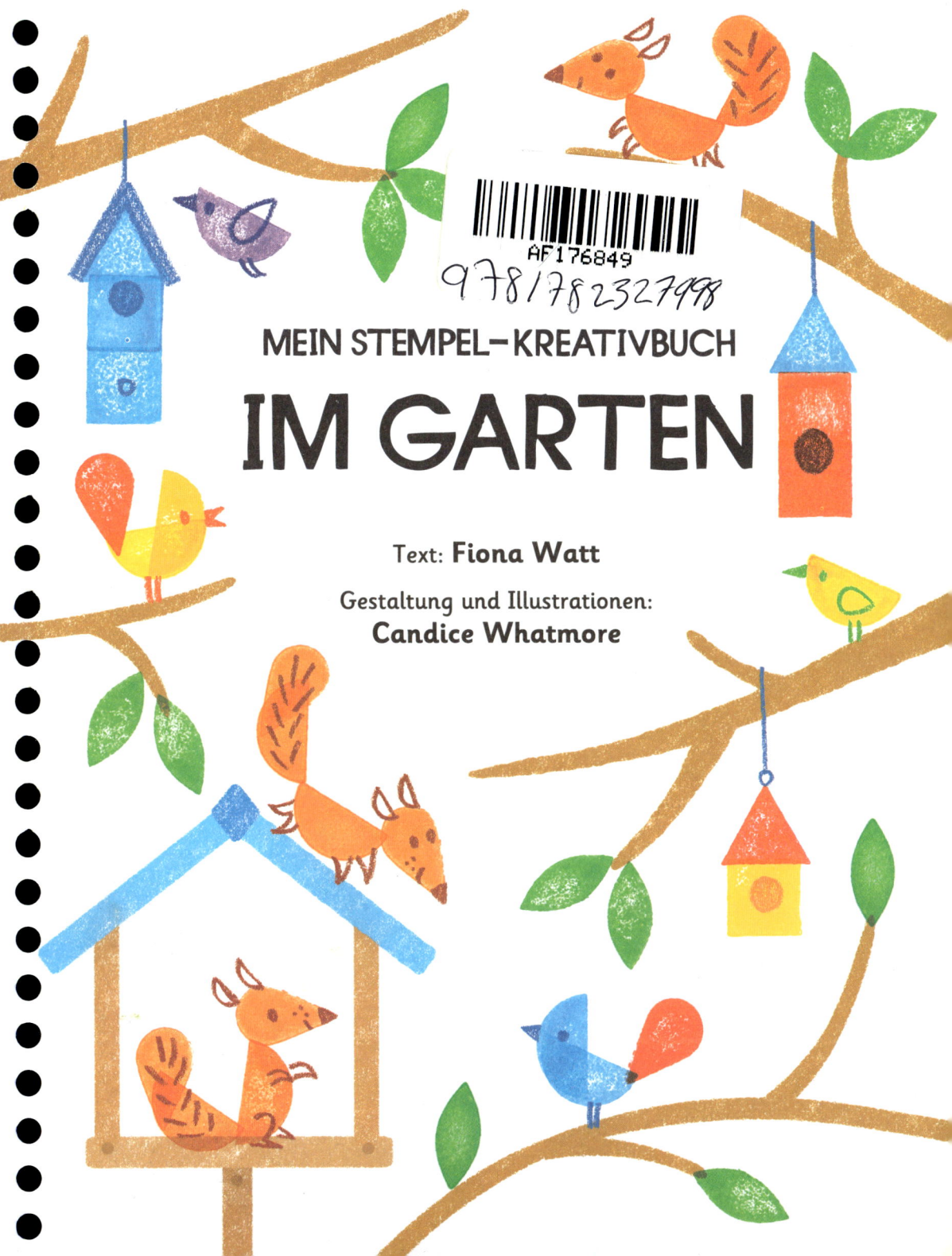

MEIN STEMPEL–KREATIVBUCH

IM GARTEN

Text: **Fiona Watt**

Gestaltung und Illustrationen:
Candice Whatmore

9781782327998

TIPPS ZUM STEMPELN

Drücke den Stempel fest auf eines der Stempelkissen, bevor du ihn auf einer Seite im Buch benutzt.

Du kannst mit dem Stempel mehrmals auf das Papier drucken, bevor du neue Farbe aufnehmen musst. Denk aber daran, dass die Abdrücke dabei immer heller werden.

Säubere deinen Stempel an einem Stück Küchenpapier, bevor du eine andere Farbe benutzt. Wenn du mit dem Stempeln fertig bist, wasche deine Hände mit warmem Wasser und Seife.

Halte die Farbe von deiner Kleidung und empfindlichen Flächen fern, damit sie keine Flecken bekommen.

Warte, bis deine Stempelabdrücke gut getrocknet sind, bevor du mit einem Filzstift darauf malst oder einen anderen Stempel obendrauf druckst.

Drucke noch mehr
Blätter und Äpfel
an den Baum.

Stemple den Igeln spitze Stacheln.

1.

2.

3.

Lass noch mehr
Spinnen von dem
Fensterrahmen
hängen.

Gestalte die Samentütchen.

RADIESCHEN

Rüben

ZWIEBELN

SPITZENQUALITÄT

SPINAT

Gartenwunder
Stiefmütterchen

SONNENBLUMEN

Ergänze die fehlenden Blütenblätter.

SAMEN

RINGELBLUMEN

Perfekt für Töpfe und Beete

Stemple noch mehr Blumen auf diese Tütchen.

Lass noch mehr Setzlinge in den Töpfen wachsen.

1.

2.

3.

FUTTER
für Gartenvögel

Grüner Daumen
PFLANZEN-
SPRAY

Setze kleine, freche
Mäuse auf die Regale.

1.   2.   3.

Setze viele grüne Frösche auf und neben die Steine.

1.
2.
3.
4.

1.

2.

3.

Stemple weitere surrende
Fliegen, die um die hungrige
Kröte herumschwirren.

Ergänze die Warzen auf
dem Körper dieser Kröte.

Gib den hungrigen Schnecken
bunte Häuser.

1.

2.

Stemple Karotten, Rüben
und Äpfel in die Schubkarren.
Fülle dann die Kisten mit
Salatköpfen und Birnen.

FRISCHER SALAT

BIRNEN • BIRNEN • BIRNEN

Fülle diese Seiten mit vielen Bienen.

1.

2.

3.

4.

Stemple noch mehr
Blüten an den Lavendel,
damit die Bienen davon
naschen können.

Du kannst auch
Bienen drucken,
die auf Blüten sitzen.

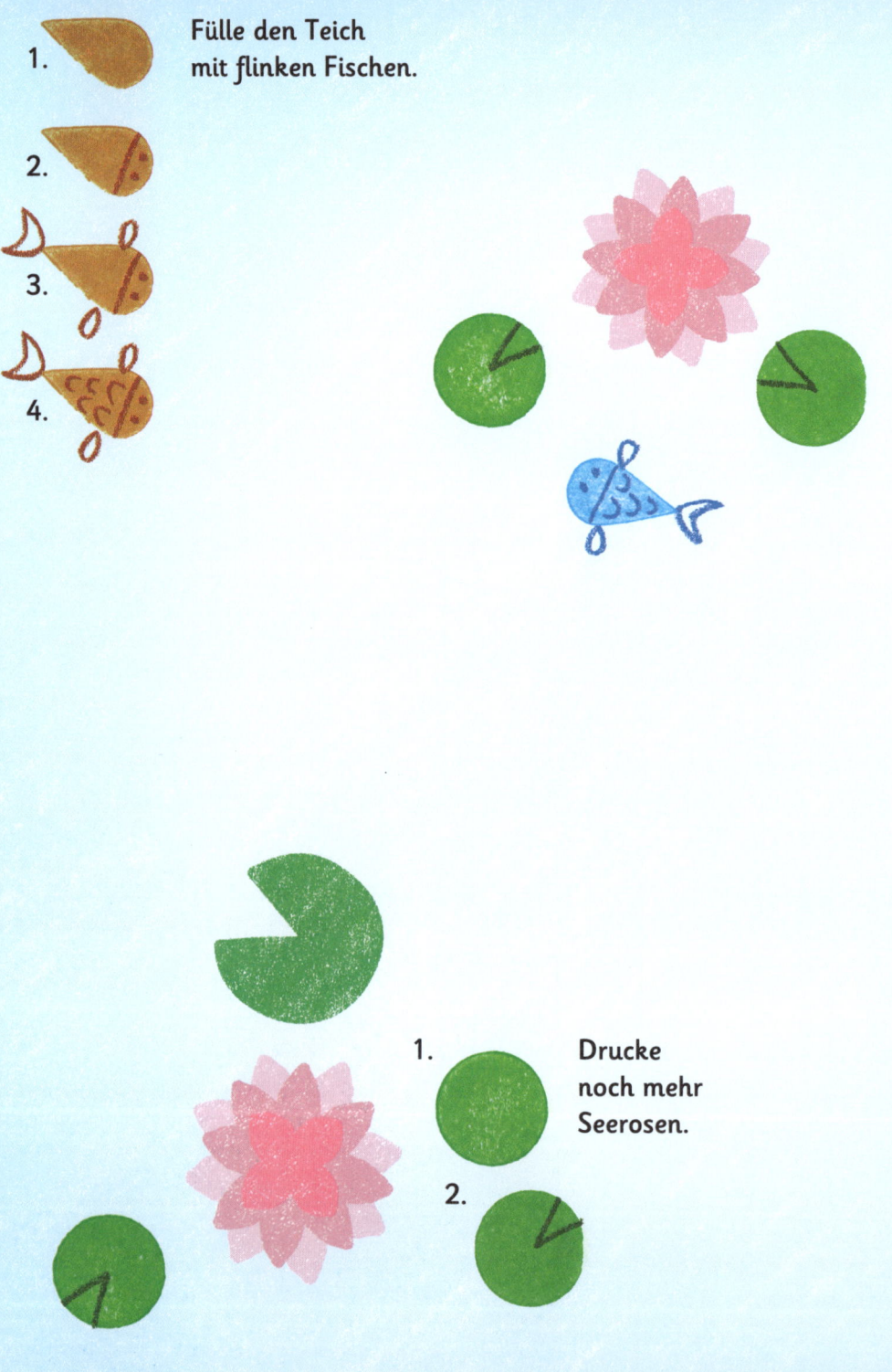

Fülle den Teich mit flinken Fischen.

1.

2.

3.

4.

1.

2.

Drucke noch mehr Seerosen.

Stemple noch mehr
Vogelhäuschen an
die Bäume.

Füge auch
Blätter hinzu.

1. 2. 3. 4.

Fülle die Seite mit
fliegenden Vögeln.
Setze weitere auf
die Äste.

1. 2. 3.

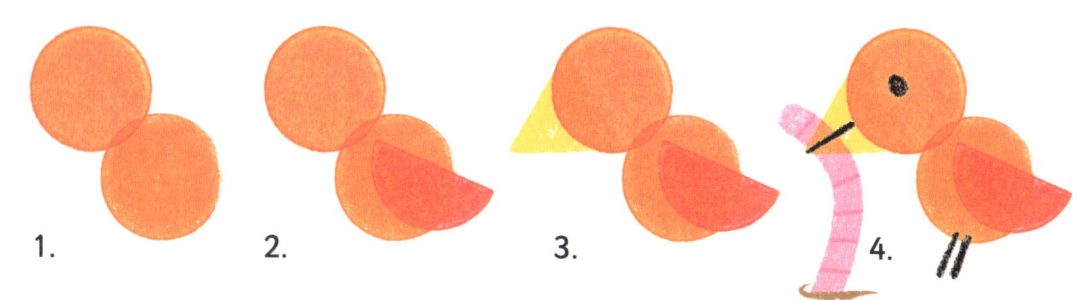

1.   2.   3.   4.

Drucke hungrige Vögel, die Würmer aus der Erde ziehen.

Setze noch mehr
Eulen auf die Äste.

1.

2.

3.

4.

Auf dieser Pflanze krabbeln Blattläuse.

1. 2. 3.

1.

2.

Lass noch mehr
Maulwürfe aus
den Hügeln gucken.

3.

1. **2.** **3.** **4.**

Stemple den Garten-
zwergen Hüte und
Bärte. Male ihnen
auch Gesichter.

Füge weitere Pilze hinzu.

Drucke einen Halbkreis für eine Schubkarre.

1.

2.

3.

4.

5.

6.

7.

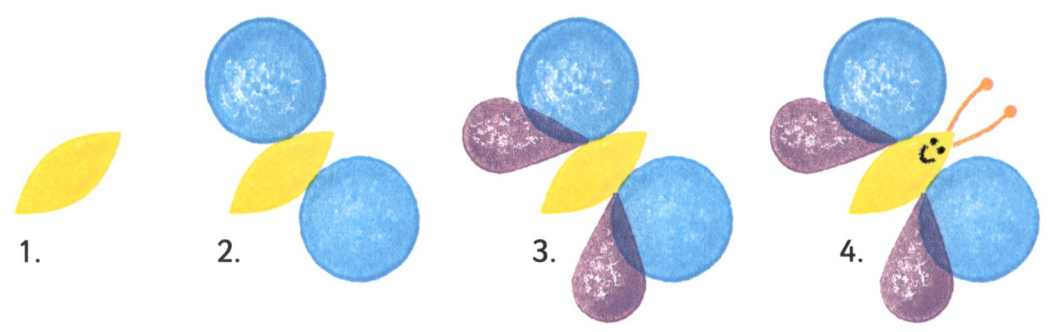

1. 2. 3. 4.

Lass bunte Schmetterlinge über den Blumen fliegen.

Ergänze die
fehlenden Blätter
und Blüten an
den Stängeln.

Setze ein paar
Schmetterlinge
auf die Blumen.

Drucke viele Käfer. Gestalte deine
eigenen oder nimm diese als Vorlage.

Fülle die Blumentöpfe mit Pflanzen.

Drucke diesen
Hühnern Federn,
Schnäbel und Kämme.

Stemple auch ein paar Küken.

1.   2.   3.   4.

Lass bunte Raupen über die Büsche krabbeln. Sie können lang oder kurz sein, ganz wie du magst.

Füge auch Blätter hinzu.

Verziere die Gummistiefel
mit unterschiedlichen Mustern.

Drucke Fenster und Türen auf die Gartenlauben.

Wenn du magst, kannst du Fensterkreuze hinzufügen.

Stemple eine Fuchsfamilie, die nachts im Garten spielt.

1.   2.   3.   4.

So sieht ein
sitzender
Fuchs aus.

Ergänze farbenfrohe
Wimpel an den Leinen.

Fülle die Kanne
mit Orangen- und
Zitronenscheiben.

1. 2.

Lass noch mehr
Marienkäfer
umherkrabbeln.

1.

2.

3.

Gib den Blumentöpfen
unterschiedliche Muster.

Lass noch mehr Rosen an
der Hauswand hochwachsen.

1.

2.

Male dann die
Stängel hinzu.

Drucke noch mehr Eicheln für das Eichhörnchen.
Ergänze buschiges Fell an seinem Schwanz.

1.

2.

3.

Bedrucke die Gießkannen
mit schönen Mustern.

Ergänze Blütenblätter
und grüne Blätter an
diesen Sonnenblumen.

1.

2.

3.

4.

Stemple viele
Vögel, die auf den
Bäumen sitzen.

Füge auch
ein paar
Nester
hinzu.

Einige Hasen haben noch
keine Ohren. Ergänze sie.

Drucke auch
Rüben, die im
Boden wachsen.

1.

2.

Fülle die Beete mit
Salatköpfen und Tulpen.

1.   2.   3.

Lass saftige rote Tomaten
an diesen Pflanzen wachsen.
Ergänze dann die Blätter.

Stemple große Blüten ...

1.

2.

ZIERLAUCH
HALBER PREIS

... und viele Blätter.

KLEINE
BÜSCHE
Sonderangebot!

Drucke noch mehr Blätter ...

LILIEN
25 % RABATT

... und Orangen.

Stemple Fenster auf die Häuser.
Male dann die Fensterkreuze.

Drucke noch mehr
Bäume in den Garten.

Die Wespen werden vom süßen Geruch des Saftes angelockt.

1.

2.

3.

Fülle diese Hängeschale mit vielen Blüten.

1.

2.

3.

Einige Blüten
könnten auch
aus der Schale
herausfallen.

1.

2.

3.

1.   2.   3.   4.

Fülle diese Seiten mit Hunden, die im Garten herumtollen.

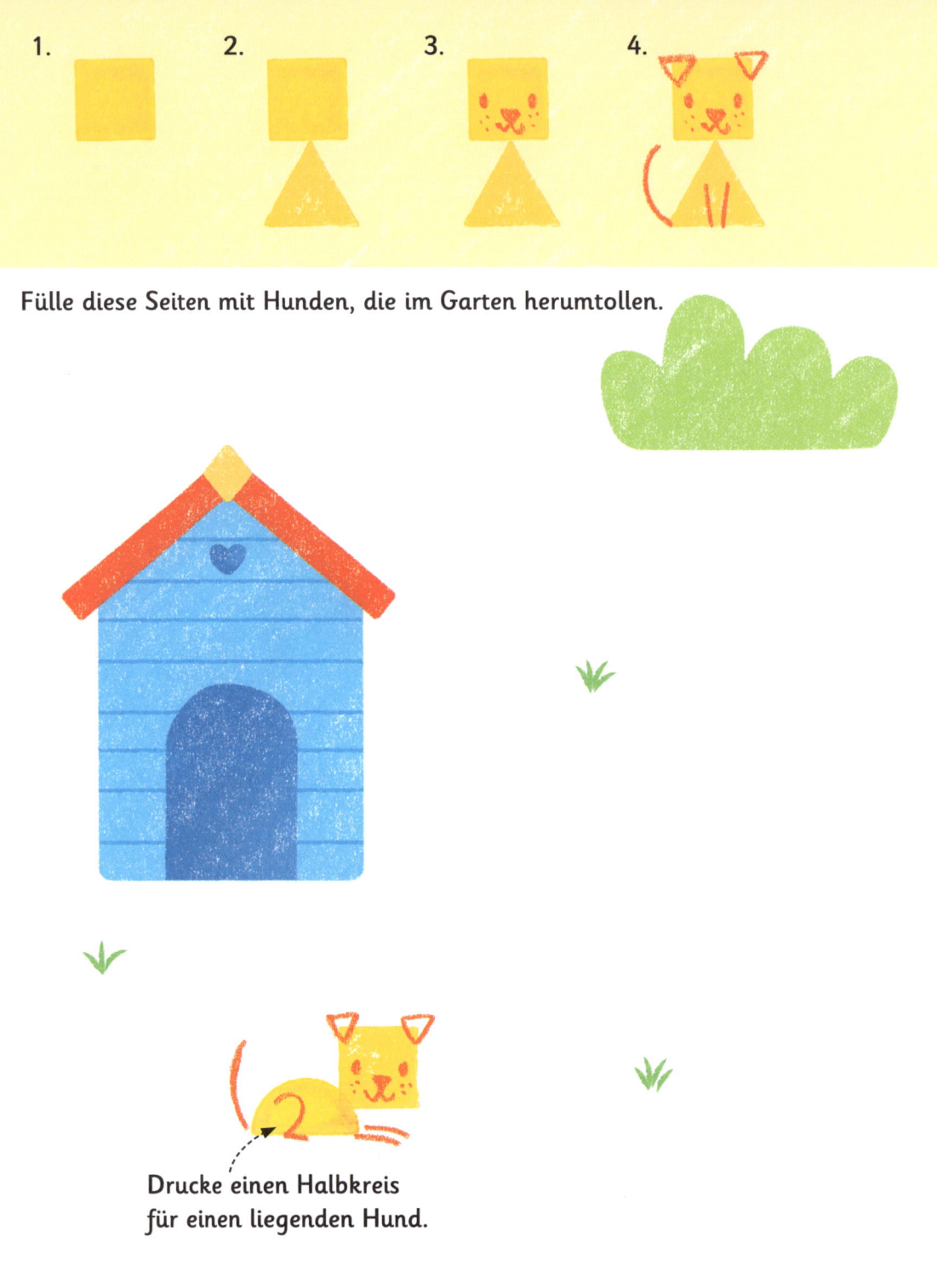

Drucke einen Halbkreis
für einen liegenden Hund.

1.

2.

3.

4.

Setze noch mehr Katzen auf den Baum und lass andere den Gartenzaun entlanglaufen.

1.   2.   3.   4.

Fülle die Bäume
mit Blättern.

1. 2. 3. 4.

1.　　**2.**　　**3.**

Drucke stachelige Igel
und Laub, in dem sie
sich verstecken können.

Übersetzung aus dem Englischen: Ulrike Bonk • Redaktion der deutschen Ausgabe: Julia Hanauer

1. Auflage 2018 © 2018 für die deutsche Ausgabe: Usborne Publishing Ltd., 83-85 Saffron Hill, London EC1N 8RT, Großbritannien. Titel der Originalausgabe: Rubber Stamp Activities Garden © 2018 Usborne Publishing Ltd., London. Der Name Usborne und die Symbole ♀⊕ sind eingetragene Markenzeichen von Usborne Publishing Ltd. Alle Rechte vorbehalten. Ohne ausdrückliche vorherige Genehmigung des Verlages ist es nicht gestattet, die vorliegende Veröffentlichung in irgendeiner Form mit beliebigen Mitteln (unter anderem elektronisch, mechanisch, durch Fotokopie oder Aufzeichnung) ganz oder teilweise zu reproduzieren, in einem Datenabfragesystem zu speichern oder zu verbreiten.